I0424324

This Journal Belongs To:

____

www.ingramcontent.com/pod-product-compliance
Lightning Source LLC
Chambersburg PA
CBHW020322290526
45785CB00007B/2883
* 9 7 8 1 0 7 0 9 9 7 0 3 2 *